Amor de amigos

El propósito de la sociedad

Nos hemos reunido aquí, a fin de establecer las bases para la creación de una sociedad donde todos los que deseen seguir el camino y el método de Baal Hasulam, el cual nos enseña a elevar las virtudes humanas y no seguir estando en estado de bestia.

Escritos de Rabash, Tomo I, Artículo "El propósito de la sociedad" parte I

Se reunió un puñado de personas para estar juntos en un solo lugar bajo un solo líder, y con espíritu heroico por encima del límite humano, manteniéndose firmes contra todos aquellos que se les oponen, sin duda son personas valientes, de espíritu fuerte, de decisión firme y determinada, sin dar siquiera un paso hacia atrás, son combatientes de primera clase, que luchan contra el instinto hasta la última gota de sangre, y toda su intención es sólo ganar la guerra en honor al Nombre Bendito.

Escritos de Rabash, Tomo II, Carta Nº 8

Nos reunimos aquí, para fundar una sociedad, en la que cada uno mantendrá el espíritu de "otorgar al Creador". Y para llegar a otorgarle a Él, es imprescindible comenzar en un principio a otorgar al individuo, esto se denomina "amor al prójimo". Y esto no puede existir, sin anularse a sí mismo. Donde cada uno debe sentirse humillado por un lado y por otro lado debe sentirse orgulloso de que el Creador nos haya dado la oportu-

nidad de poder ser parte de una sociedad, en la que cada uno de nosotros tiene un solo propósito "que la presencia Divina more entre nosotros".
Escritos de Rabash, Tomo I, "El propósito de la sociedad", Parte I

Responsabilidad mutua (ARVUT)

Esta es la esencia de la responsabilidad mutua en la que todo Israel se comprometió a hacerse responsable los unos de los otros. Pues no les fue otorgada la Torá, sino antes de que cada uno de Israel fuera interrogado y respondiera que estaba de acuerdo en aceptar el mandamiento del amor al prójimo, así como está escrito, "Ama a tu prójimo como a ti mismo" en su valor más elevado. Es decir, que cada uno de Israel, se comprometa, a cuidar y a trabajar para cada uno de los miembros del pueblo, a cubrir todas sus necesidades, no menos de lo que cuidaría sus propias necesidades. Y luego de que todo el pueblo acordó esto por unanimidad, y dijo: "haremos y escucharemos", o sea que cada uno de Israel, se responsabilizó de que no le falte nada a ningún miembro del pueblo, y de éste modo se convirtieron en dignos de recibir la Torá. Pues con este acto de responsabilidad (Arvut) colectiva, se desprende cada individuo de la nación, de todas sus preocupaciones para con sí mismo, y puede cumplir el mandamiento "Ama a tu prójimo como a ti mismo" en toda su extensión, y da todo lo que posee a quién lo necesita, ya que él ya no tiene miedo por su propia existencia, porque sabe y está seguro, que 600.000 leales y amados amigos están en su entorno dispuestos a preocuparse por él.

Escritos de Baal Hasulam, Artículo "La Responsabilidad Mutua" ("Arvut").

Amor de amigos

Les recordaré la vigencia del amor a los amigos - y más aún en estos tiempos, "del cual depende nuestro derecho a existir, y por el que se mide la escala de nuestro éxito venidero". Por lo tanto libérense de todos las falsas ocupaciones, y permitan al corazón tener pensamientos e inventar invenciones que permitan a vuestros corazones unirse en un solo y real corazón y se cumplirá en vosotros lo escrito "Ama al prójimo como a ti mismo" en su simplicidad

Escritos de Baal Hasulam, Carta Nº 47

Los cabalistas explican esto de una manera sencilla, tienes un grupo, y con respecto el grupo tienes que transformarte en quien otorga. Porque todos sus progresos espirituales dependen sólo de ti. La situación en la que están, la relación entre ellos, el unirlos entre sí a un mismo barco, a un sólo kli (vasija), depende sólo de ti. El fracaso que pueda tener cada uno de ellos, tú lo causas, nadie más que tú, por tú posición sino te preocupas por ellos.
Rav Laitman, de la clase de Cabalá del día 18/08/2009

La elección está en encontrar la carencia correcta, la carencia quebrada entre nosotros, en el lugar que el Creador nos muestra desde el comienzo, allí búsquenla. Y vemos esa carencia, cuanto nos odiamos y cuanto debemos cambiar para lograr una forma diferente, pero no podemos hacerlo, no es algo que nos atrae y no es algo que queramos, entonces descubrimos la mala relación que mantenemos, el rechazo mutuo interno, esos son los verdaderos acontecimientos. Que puedo hacer todo, menos eso. Estoy dispuesto a todo, excepto a la conexión. Estos son los hechos verdaderos, y ese es el trabajo... descubrir finalmente que estos hechos, esas carencias nos llegan del Creador... Que sin la Fuerza Superior nunca podría conseguir el más mínimo deseo de conectarme con los demás.

Rav Laitman, de la clase de Cabalá del día, 23/08/2009, Los Escritos de Baal Hasulam, Carta N° 19

Uno no se puede elevarse sólo por encima de su círculo. Por lo tanto el hombre debe alimentarse de su entorno. Y no puede tomar ningún otro consejo más que seguir el camino de la Torá y hacer un gran esfuerzo. Por lo tanto, si el hombre opta por un buen entorno, gana tiempo y esfuerzo, porque de este modo se ve atraído por su entorno.

Escritos de Baal Hasulam, Shamati, Artículo 225 "Se elevará a sí mismo"

Si la persona no tiene fuerza de voluntad y deseo por la espiritualidad, y se encuentra entre personas que tienen el deseo y la voluntad de espiritualidad, si esta gente le place, también toma de ellos su fuerza de voluntad, deseos y aspiraciones, a pesar de que él por su propia manera de ser no tiene los deseos, las pasiones y la fuerza de voluntad para lograrlo. Sin embargo, por el agrado y la importancia con la que considera a estas personas, consigue nuevas fuerzas.

Escritos de Baal Hasulam, Shamati, Artículo "Rasha Ho Tzadik Lo Kamer" (Justo o malvado no dijo)

Según tu anulación ante el grupo, descubres el "NeHY (Netzah, Hod, Yesod) Superior". No hay otro modo de comprobarlo, porque no tienes algo Superior, si se trata de la espiritualidad, tu Superior en nuestro mundo son los demás. Por lo tanto debes tratar de hacer así con los demás, porque de los demás recibes la inspiración, fuerzas, todo. Y realmente obtienes esto del Kli (vasija) general, que es parte de ti. Y entonces lentamente reconocerás todo. El hombre no puede identificar al Creador, sino cuando se inviste en las criaturas, lo cual se denomina "la iluminación de la Divina Presencia", que es cuando el Creador se revela dentro de la Divinidad, dentro del conjunto de almas, dentro de la conexión entre ellas.

Rav Laitman, de la clase de Cabalá del día 18/08/2009

Les ordeno, que comiencen a esforzarse en amarse unos a otros como a sí mismos, lamentarse por las dificultades de su amigo, alegrarse de las alegrías de su amigo en todo lo posible. Y espero que cumplan mi pedido y realicen este asunto en su totalidad.

Escritos de Baal Hasulam, Carta N°49

"Se ayudarán mutuamente". Nadie puede ayudarse a sí mismo, nadie. Sólo los amigos pueden ayudar. Si ellos me transmiten el sentimiento de responsabilidad mutua, si obtengo de ellos todas las condiciones que necesito para exigir, llegaré a la espiritualidad. Y si ellos no me ayudan, no lo lograré. ¿Qué se puede hacer? págales, tráeles regalos, no sé. Pero todo depende de la voluntad, del corazón de ellos, de la voluntad que está oculta para ti y tú no puedes influir en ella de ninguna manera. Así que todo depende de que estén de acuerdo, del trabajo mutuo, de la mutua conexión, esto es lo único que puede ayudar a conseguirlo. Debemos sentir este dilema como un problema interno, el mayor de los problemas, como un verdadero problema que pone en peligro nuestras vidas. Esta situación se puede comparar a cuando surge algún problema en la familia y todo resulta insignificante comparado con ello.

Rav Laitman, de la clase de Cabalá del día 11/10/2009

Qué bueno y qué agradable es que los hermanos estén también juntos. Estos son los amigos, cuando están juntos y no se separan unos de otros. Al comienzo parecen personas que están en pie de guerra, que desean matarse unos a otros y luego vuelven a sentir el amor fraternal.

¿Qué dice el Creador acerca de ellos? Qué bueno y qué agradable es que los hermanos estén también juntos. La palabra también, implica que la Presencia Divina es parte de ellos y no sólo eso, el Creador escucha lo que ellos dicen, y se place y está contento con ellos... Y ustedes los amigos que están aquí, así como se comportaron antes, amablemente y con amor, de aquí en más no se separarán uno del otro, hasta que el Creador se alegre con ustedes, les de paz, y haya paz en el mundo gracias a ustedes. Como está escrito "Para mis hermanos y amigos hablaré de paz para vosotros"

Explicación del Sulam sobre el Libro del Zohar, Tomo VII "Ahrei mot" 64 - 65

Hice arreglos, que gracias a ellos podrán resistir cualquier situación, sin volverse hacia atrás, Dios no lo permita, y lo más importante de estos es el

apegarse a los amigos. Y mi fiel promesa es que éste amor es poderoso. Les voy a recordar cualquier cosa buena que necesiten, si se fortalecen con esto, es porque sin duda, irán de logro en logro por los grados de Santidad.
Escritos de Baal Hasulam, Carta Nº 47

Existe en cada uno, chispas del amor al prójimo. Sin embargo, una chispa no podría encender la luz del amor... por lo tanto, acordaron conectarse todos juntos, y así todas las chispas juntas formarán una gran llama.
Escritos de Rabash, Tomo I, Artículo "Uno debe siempre vender las vigas de su casa"

Estar "apegado a la sociedad" significa estar apegado al objetivo de la sociedad en todo este proceso, en todas las tareas, en este mensaje, en el contacto con la gente, con la sensación de la importancia de la responsabilidad y de la garantía mutua. Supongamos que estuvieron tres días recientemente en un Congreso, y que en esos tres días hubo momentos en los que sintieron que se fundían dentro de ese espíritu, de esa sociedad. No como espectadores externos, sino como si no existieran. Entonces desde ese punto, pueden entender que si hubieran continuado en esa situación, la sociedad los hubiera llevado adelante sin vuestro control y sin vuestra crítica sobre ella y sobre nada. Por lo tanto, la única crítica que debemos hacer, es la de no salir fuera de ella, sumergirse en esa sociedad y eso es todo. A Esto se lo llama "estar dentro de la sociedad".

Rav Laitman, de la clase de Cabalá del día 27/10/2009

Cada uno debe tratar de dar un nuevo soplo de vida a la sociedad, llenar de esperanzas, y dar energía a la sociedad, que cada miembro de ésta, pueda decirse a sí mismo, ahora comienzo una nueva página en el trabajo espiritual. Es decir, que antes de llegar a la sociedad, estaba decepcionado de su avance espiritual. Sin embargo ahora, la sociedad le dio un soplo de vida, lo llenó de esperanza, y esto lo logró por medio de la sociedad, la cual le dio seguridad y fuerza para sobreponerse, por lo tanto ahora siente que está al alcance de sus manos llegar a la perfección. Y lo que antes pensaba, que estaba frente a una montaña alta, y que no podía conquistarla, porque estas son en realidad fuertes interferencias, siente ahora, que realmente son nulas. Y todo esto lo recibió gracias a la fortaleza de la sociedad, ya que cada uno de sus miembros trató de

estimular y de dar un nuevo aire a la sociedad.
Escritos de Rabash, Tomo I, Artículo "Qué exigir de la reunión de amigos."

"Amarás al Señor tu Dios con todo tu corazón, con toda tu alma, y todas tus fuerzas" Este es el propósito que debe estar presente ante los ojos de todos, a la hora de esforzarse en llenar las necesidades de sus amigos, y se sigue Su enseñanza, hace y se esfuerza, sólo para complacer al Creador, como dijo, y haremos la voluntad de Dios.
Escritos de Baal Hasulam, Artículo "La paz en el mundo"

Cuando se reunen, ¿sobre qué asunto hay que hablar? En principio debe haber un propósito claro para todos, la reunión debe dar como resultado, amor a los amigos, que en cada uno se despierte el hecho de amar al otro, que se denomina "amor al prójimo". Y a pesar de todo este es el resultado. Lo que se debe hacer para que nazca este buen hijo, es que deben hacerse actos, que llevarán al amor.

Escritos de Rabash, Tomo I, "Qué buscar en la reunión de amigos."

Debemos comprender que todas nuestras actividades en el progreso espiritual, excepto el amor a los amigos, son imaginarias. ¿A qué me refiero? A que no traen el beneficio deseado, es decir, el progreso espiritual. El individuo puede sobresalir en el aprendizaje y muchas cosas más, pero si no agrega a todas las cosas que hace, la intención de apego entre los amigos, entonces no se crea en él el recipiente (Kli) espiritual, y pasa el tiempo y él no escucha. Y entonces también toda su ocupación en la Sabiduría de la Cabalá se denomina "imaginaria". Por eso Baal Hasulam pone en el apego entre los amigos, y sólo en esto, todas las esperanzas del grupo.

Rav Laitman, de la clase de Cabalá del día 25/11/2009

Al tiempo que empieza a sentir el amor de su amigo, de inmediato se despierta en él la alegría y el placer. Porque esta es la regla: lo nuevo nos divierte. Ya que el hecho que su amigo lo ama es algo nuevo para él, pues siempre supo que solo él se preocupaba por su propio bienestar e interés, pero tan pronto descubre que su amigo se preocupa por él hace que se despierte en él una alegría incalculable, y ya no puede preocuparse por sí mismo, porque el individuo puede esforzarse sólo donde siente placer, y dado que comienza a sentir placer al preocuparse por su amigo, entonces de esa manera, no tiene lugar para pensar en algo personal.

Escritos de Rabash, Tomo II, Carta N*40

Está escrito "Cuanto mayor es el pueblo más se engalana el Rey" se quiso decir, cuánto más grande es la multitud, la fuerza de esta actúa mejor, es decir que cuando se produce una atmósfera más potente que habla de la grandeza y de la importancia del Creador, entonces, cada uno siente, que todos los actos que uno quiere hacer por la Santidad, que es otorgar al Creador, lo considerará como una fortuna, que tiene el privilegio de estar entre las personas, que sirven al Rey. Y Entonces, cada pequeño acto que hace, lo colma de alegría y placer, al tener ahora algo con que servir al Rey.

Escritos de Rabash, Tomo I, Artículo "Orden de la reunión".

Si me conecto con los demás, tengo la posibilidad de invitar a la Luz de la Torá que venga hacia mí, "la Luz que hay en ella reforma". ¿Qué reforma? Mi ego, mi odio hacia los demás. El odio hacia el Creador no lo puedo descubrir, el Creador todavía está oculto, tengo que ocuparme de "Mi yo" hacia los demás, "del amor al prójimo al amor al Creador", Así es el camino. O sea que si hago todo lo posible para conectarme con el prójimo para llegar a conectarme con el Creador, descubro la incapacidad de lograrlo. Y si mi entorno es correcto, descubro mediante este importancia, y entonces demando que venga de lo alto la fuerza, que el Creador se revele en la falta de conexión existente entre nosotros, y que haga posible el vínculo mutuo. La revelación del Creador en el odio mutuo, el que Él transforma al odio en amor, es llamado "testimonio", "descubrimiento".

Rav Laitman, de la clase de Cabalá del día 13/8/2009

Para que se incluyan unos con otros, cada uno tiene que anularse a sí mismo con respecto al otro. Y esto se logra cuando cada uno ve las virtudes de su amigo y nos sus defectos. Pero quién piensa que es un poco mejor que sus amigos, ya no puede conectarse a ellos.

Escritos de Rabash, Tomo I, Artículo " El propósito de la sociedad" II

En cada uno de los amigos se encuentra un punto, y cuando se reunen, descubren odio, descubren amor, descubren todo tipo de cosas y así ellos avanzan. Todo ascenso por los peldaños depende de cuánto estos puntos se conectan cada vez más. Entre ellos se descubre más odio, pero durante su estudio hacen todo lo posible para descubrir más amor. La Luz los influye, los vincula en cierto modo. Y si se conectan en cierta medida, incluso la más pequeña, se hace un "clic", un "embrión". ¿Quién es el "embrión"? El embrión es nuestro "bebé", que formamos de nuestros puntos.

Rav Laitman, de la clase de Cabalá del día 24/8/2009

Cuando nos reunimos, cada uno piensa que ha venido con el propósito de cancelar el amor propio, es decir que la persona no piensa cómo satisfacer su deseo de recibir, sino que piensa, en todo lo posible, sólo en el amor al prójimo, solamente mediante ello puede obtener el deseo y la necesidad que se necesita para recibir esa nueva característica llamada deseo de otorgar. Del amor a los amigos puede alcanzar el amor al Creador, o sea el deseo de otorgar y satisfacer al Creador. Por lo tanto sólo de éste modo se puede entender la cuestión de que el otorgamiento es algo importante y necesario y esto se logra mediante el amor a los amigos.

Escritos de Rabash, Tomo I, Artículo " Amor a los amigos"

Más les pediré a ustedes esforzarse con mayor vigor por el amor a los amigos, inventar invenciones que pueden aumentar el amor entre los amigos, y rescindan de los deseos físicos. Porque éstos imponen odio. Y entre los que satisfacen al que los creó no se concibe ningún odio, al contrario, compasión y amor inmenso hay entre ellos, y las cosas son así de simples.

Escritos de Baal Hasulam, Carta Nº 11

Nosotros no podemos concentrarnos en los libros y ver en ellos lo que está escrito, porque nos falta ese material, esa pantalla, que se construye de los deseos de los amigos que he unido, como píxeles en la misma pantalla, y entonces sobre ella se me aclara la imagen espiritual. Esto ocurre en el momento en que puedo considerar los deseos de la sociedad, y agregar sus deseos, los que el Creador les dio, esos puntos, unirlos juntos, no importa en qué situación ellos se encuentren, tomo los deseos que el Creador les dio, pueden ser pequeños como los de Rabi Yossi Ben Kisma, pero los enlazo a todos juntos, es importante para mí unirme a ellos, y bajo éste contexto puedo sentir lo escrito en el libro.

Rav Laitman, de la clase de Cabalá del día 11/8/2009

Después de haber conseguido la vestimenta, de inmediato comienzan a brillar en mí chispas de amor, y el corazón empieza a extrañar y a unirse a los amigos, y me parece que mis ojos ven a mis amigos así como mis oídos escuchan sus voces, mi boca habla con ellos, las manos abrazan y los pies bailan con amor y alegría junto a ellos en círculo, y salgo de mis límites materiales y me olvido que hay una gran distancia entre mis amigos y yo y el suelo plano de unas cuantas leguas no difieren entre nosotros, y es como si mis amigos estuvieran dentro de mi corazón y vieran todo lo que sucede allí, y me siento avergonzado de mis pequeños actos en contra de mis amigos, y yo simplemente salgo de mis vasijas materiales, y le parecen a mis ojos que no hay ninguna realidad en el mundo, salvo mis amigos y yo. Y luego también mi "yo" se anula y se absorbe e integra dentro de mis amigos, hasta que me pongo de pié y declaro que no hay ninguna realidad en el mundo, sólo los amigos.

Escritos de Rabash, Tomo II, Carta N° 8

Cada uno debe poner atención, y pensar en qué puede ayudar a sus amigos, cómo mejorar su estado de ánimo. Porque sobre la cuestión del estado de ánimo, cada uno puede encontrar en su amigo el lugar donde está su carencia y satisfacerla.

Escritos de Rabash, Tomo I, Artículo "Cada uno ayudará a su prójimo"

El consejo para esto es, que la persona puede aumentar su fuerza teniendo en cuenta la regla de "Amarás a tu prójimo". Y esto se logra mediante el amor a los amigos. Si cada uno se incluye y se anula frente a su amigo, entonces se forma un solo bloque, que todas esas partes pequeñas, que desean amar al prójimo, se unen a una fuerza general formada de muchas partes. Y cuando se forma una gran fuerza, entonces puede concretar el amor al prójimo. Y así puede llegar al amor al Creador.

Escritos de Rabash, "Acerca de lo explicado sobre "Ama a tu prójimo como a ti mismo"

Rabash escribe en sus artículos acerca de la sociedad, que debemos estimular a nuestros amigos para que ellos en respuesta nos estimulen a nosotros. Pero en primer lugar, tenemos que entender que sin esto estamos perdidos. Debo escuchar al grupo, conseguir de ellos su carencia, sólo mediante la conexión entre nosotros, puedo realizarme, verme yo mismo, sentir la espiritualidad, otorgar, hacia allí me debo dirigir y allí es donde debo esforzarme. Necesito escuchar de ellos que es importante. Ellos deben revelarme el lugar de la ruptura qué debo corregir, dónde se encuentra el lugar de la corrección, etc., de lo contrario arreglo cosas en lugares en donde no

hay desperfectos.
Rav Laitman, de la clase de Cabalá del día 24/11/2009

Sin embargo si sentiré a todos juntos, que cambian el hoy por el mañana, y en lugar de decir ahora dirán después. Y no hay remedio para ello. Sólo esforzarse en entender este error y ésta deformación, que el que es salvado por el Creador, lo es por necesitar la salvación hoy, y quién puede esperar hasta mañana se perderá por años, Dios no lo permita. Y esto les ocurre por la negligencia ante mi pedido de esforzarse en amar a los amigos, que les expliqué en todas las setenta lenguas, que es suficiente ésta virtud para completar todas vuestras carencias.
Escritos de Baal Hasulam, Carta N°13.

Está escrito que "Del amor a los creados al amor a Dios". Precisamente en la conexión existente entre las criaturas descubro al Creador, y no es que pago en un sitio y luego recibo un premio o beneficio en otro sitio.

En el mismo sitio en el que me contacto con los demás, en la misma red de almas, descubro la Luz que reforma. Allí descubro al Creador. Y cuanto más me conecto con los demás, simplemente más me voy movilizando de un lugar a otro mediante la Luz que descubro. Es decir cambio, cambio mi relación hacia los demás, descubro la conexión entre nosotros, y a continuación descubro que el Creador está entre nosotros. Así llego a la espiritualidad.

Rav Laitman, de la clase de Cabalá del día 20/11/2009

Al reunirse varias personas, que tienen la misma opinión, de que es necesario alcanzar el amor al prójimo, y cuando existe la anulación de cada uno ante el otro, entonces cada uno está incluido en todos. Y gracias a ello se acumula en cada uno una gran potencia en proporción al tamaño de la sociedad. Y entonces sí puede concretar el amor al prójimo.

Escritos de Rabash, "Acerca de lo explicado sobre "Amarás a tu prójimo como a ti mismo"

Dijeron Nuestros sabios: "Hazte un Rav, y cómprate un amigo. Es decir, que el hombre pueda formarse un nuevo entorno, para que este lo ayude a enaltecer a su Rav. O sea, por medio del amor a los amigos, que respetan a su Rav. Ya que mediante la conversación con los amigos sobre la grandeza de su Rav, recibe cada uno la sensación de su grandeza. De modo que el otorgamiento a su Rav, se convierta en recepción, y en combustible. Es decir, que esto lo lleve, a ocuparse de la Torá y los mandamientos en Su nombre. Y sobre eso dijeron: "con 28 cualidades, con que la Tora se adquiere, con el uso de sabios y con la precisión de amigos." Porque aparte de servir al Rav, es necesario también la precisión de amigos. Es decir, para que la influencia de los amigos, actúe sobre él, a fin de conseguir la grandeza del Rav. Porque conseguir la grandeza, depende completamente del entorno. Y el hombre solo, es imposible que haga algo de esto, tal como fue explicado.

Escritos de Baal Hasulam, Artículo del fin del libro del Zohar

Yo siempre estoy frente a un sistema que puede influir en mí y otorgarme la importancia espiritual, en la medida en que yo me rinda a este. Ese es el libre albedrío. Y si no lo utilizo, no recibiré del entorno la importancia espiritual, y no progresaré. Puedo sentarme 100 años en compañía de Rabí Shimón Bar Yojai, y no me ayudará porque no depende de la grandeza de ellos, sino de la medida en que me presto a recibir inspiración de ellos. La pregunta es: ¿Está él dispuesto a bajar la cabeza? si es así, en esa medida, la persona comienza a ser influido por ellos. Sólo en esa medida es que puede pasar de amargo y dulce a la verdad y la mentira. De lo contrario es como hacer una aclaración cierta, pero es una aclaración completamente racional y no emocional, es decir, no se eleva por encima de su vasija, porque nuestra vasija es el deseo, el sentimiento.

Rav Laitman, de la clase de Cabalá del día 3/11/2009

No se puede recibir influencia del entorno, si no se encuentra apegado al entorno, es decir, que lo valora. Y de acuerdo a esto, puede conseguir la influencia sin esforzarse, sólo al apegarse al entorno.

Escritos de Rabash, Tomo I, Artículo "La la severidad de la prohibición de enseñar la Torá a los idólatras"

¿Cómo se puede construir la conexión? Cuando vamos a un lugar determinado, y nos incluimos todos juntos en una sola lección, que trata de una sola materia, cuando todo el tiempo hablamos de una sola cosa, y cantamos y comemos juntos, creamos condiciones externas tales, que el individuo empieza compenetrarse en ellas. Y lo más importante es que así se atrae la Luz que reforma. No lo hacemos nosotros, sino la renovación de la conexión entre nosotros llega por-

que nosotros invitamos a la Luz, y ella renueva la conexión. La conexión está, pero muerta. Estamos en la misma red pero no la sentimos, la red no funciona. Cuando queremos que ella actúe, cuando queremos que eso ocurra, de acuerdo a la medida de nuestro esfuerzo comprometemos a la Luz a revivir esa red. Así como un cuerpo muerto, que revive. O como dice el Baal Hasulam, "estábamos como soñando" y como si nos despertáramos de un sueño o de un estado de inconsciencia. El tener un gran deseo atrae a la Luz, y esta revive en nosotros la conexión mutua.
Rav Laitman, de la clase de Cabalá del día 20/10/2009

Quien piensa que engaña a su amigo, no hace más que engañar al Creador, porque fuera del cuerpo del hombre sólo se encuentra el Creador. Pues lo más importante de la Creación, por la cual el hombre se llama creado, desde su punto de vista. Porque el Creador quiso, que el hombre sienta su propia realidad separado de Él. Fuera de eso "Su presencia llena toda la tierra". Por eso cuando le miente a su amigo, le miente al Creador. Y cuando entristece a su amigo, entristece al Creador.

Escritos de Baal Hasulam, Shamati Artículo 67

Sólo el entorno puede ayudarte a no perder la imagen espiritual y a mantenerte en ella, buscarla o fortalecerla todo el tiempo. Si el individuo no fortalece todo el tiempo ésa imagen, esta desparece de inmediato. En la espiritualidad no es a la velocidad a la que consideramos, sino a la aceleración.

Es decir, debemos esforzarnos todo el tiempo para mantenernos en el estado actual. Esto es porque trabajamos en contra del ego, que todo el tiempo crece, y por ende debemos aumentar nuestra fuerza espiritual. No puedes hacerlo de otro modo. Debes esforzarte todo el tiempo para poder mantenerte por lo menos en el mismo nivel.

Rav Laitman, de la clase de Cabalá del día 15/11/2009

Y según su medida, el grupo piensa en la grandeza del Creador durante la reunión, cada uno según su medida proclama la importancia de la grandeza del Creador, y entonces cada uno, siente, que todo lo que quería hacer por la Santidad, que es otorgarle al Creador y que tuvo la fortuna de estar entre las personas que tienen la dicha de servir al Rey. Entonces, cada pequeño acto que hace está lleno de alegría y placer, y ahora tiene con qué servir al Rey. Y de esa forma puede transitar todo el día por el mundo de la alegría y el goce.

Escritos de Rabash, Tomo I, Artículo "La Agenda de la reunión de los amigos".

La experiencia aporta sabiduría, por eso te aconsejo que despiertes en tu interior temor por llegar a sentir frialdad en el amor, aun cuando la mente niegue ésta imagen. Pero esfuérzate, si hay una artimaña para aumentar el amor, y no la utilizas, también a esto se lo considerará en tu contra: Al igual que una persona que da un regalo muy valioso a su amigo, el amor que se revela en su corazón, no se asemeja al amor que queda en el corazón después del hecho, sino que se va enfriando día a día, hasta que se olvida por completo la bendición del amor, y está obligado quién recibió el regalo a encontrar una artimaña cada día para que sea considerado ante sus ojos como

un nuevo sentimiento.
Escritos de Baal Hasulam, Carta Nº 2.

La sociedad debe cuidar por sobre todo, que no entre en ella la frivolidad, pues la frivolidad lo destruye todo.
Escritos de Rabash, tomo I, Artículo " El propósito de la sociedad" II

Mientras él ve, que los amigos están en un grado más elevado que él, eso lo induce a elevarse en todo sentido.
Escritos de Rabash, Tomo I, Artículo: "El Asunto de por encima de la razón"

Está escrito en el Libro del "Zóhar", que al principio los miembros del grupo se reúnen y se odian unos a otros, no se aceptan unos a otros, se hartan de estar juntos, y no creen que nada

bueno resulte de esta unión, ya lo intentaron varias veces, y tienen todo tipo de cuentas, quejas y reclamos uno contra el otro. Pero de todos modos vienen y se sientan juntos y comienzan a conectarse por encima de todos éstos impulsos, por encima de todos éstos deseos, de todo odio, envidia, orgullo, etc., con el entendimiento claro que lo que en ellos se despierta, es despertado intencionalmente por el Creador. Entonces cada uno de ellos comienza a trabajar en contra de sí mismo con alegría de que él puede comenzar a conectarse con los demás por sobre su propio ego, por encima de ese odio. Yo siento cuánto lo odio a él, y junto a eso voy y hago algo por él. Y estas dos fuerzas opuestas se encuentran en mí. Una se llama mi densidad (Aviut) y la otra es la pantalla (Masaj) por sobre mi densidad (Aviut).
Rav Laitman, de la clase de Cabalá del día 14/10/2009

Cuando los amigos se unen en una sola unidad, ellos reciben fuerzas, para que puedan reflexionar sobre el propósito de su trabajo. Que es, poder llegar a Su Nombre.

Escritos de Rabash, Tomo I "La necesidad del amor a los amigos"

Si es importante para el hombre subir a un nivel más elevado, él se dirige a su entorno, y recibe de este las fuerzas para dirigirse a la Luz a través de la oscuridad. Nuestro problema es distinguir qué es "Oscuridad". "Oscuridad" es falta de otorgamiento, falta de espiritualidad, falta de la Revelación del Creador. Si el hombre de repente piensa que le falta otorgamiento, entonces de forma natural inmediatamente se dirige a través de la oscuridad al entorno. No debe pensarlo dos veces, porque la misma definición de la oscuridad - falta de otorgamiento, lo hace dirigirse al entorno. ¿Qué recibe de él? Fortaleza para vivir en esa oscuridad como si fuera Luz. Y eso, porque la sensación de oscuridad es únicamente hacia nuestro deseo de recibir, en cambio para nuestro deseo de otorgar, es Luz. Después que recibimos esa fortaleza de la sociedad, nos dirigimos al Supremo (Elyon) y le pedimos la Luz Circundante. Entonces el Supremo nos corrige y llegamos a la cualidad de otorgamiento, y ésa oscuridad se transforma en Luz.

Rav Laitman, de la clase de Cabalá del día 4/10/2009

Si tiene amor hacia los amigos y el aspecto del amor, la ley es, que queremos ver justamente la virtud del amigo y no su defecto. Por lo tanto, si él ve algún defecto en su amigo, es señal que la falta no está en su amigo, sino que el defecto es

propio. O sea, el dañó el amor a los amigos, por eso él ve defectos en su amigo. Por lo tanto, ahora él debe ver, no que su amigo debe corregirse, sino que él mismo es quien necesita corrección.
Escritos de Rabash, Tomo I, Artículo: "Orden de Asamblea de amigos" 1.

Hagan el máximo esfuerzo y la salvación del Creador es en un abrir y cerrar de ojos, y lo más importante hoy está frente a ustedes, es la unión de los amigos, y se esfuércense más y más porque hay en ella para cubrir todas las carencias
Escritos de Baal Hasulam, Carta Nº 10.

Quién se esfuerza en esta vida y elige una y otra vez un entorno mejor- merece elogio y recompensa. No por sus pensamientos y sus buenos actos, que le llegan necesariamente no por propia elección, sino por su esfuerzo en conseguir una

buena sociedad que lo lleve a esos pensamientos y acciones.
Escritos de Baal Hasulam, Artículo "La Libertad"

"Y lo encontró el hombre, y estaba perdido en el campo, y le preguntaron al hombre, qué pedirás… o sea, en qué puedo ayudarte. Y respondió, a mis hermanos yo pido", que al estar unido con mis hermanos, es decir, que estando en un grupo, en el que hay amor a los amigos, entonces podré encaminarme en la vía, que sube a la morada del Creador. Y esa senda se llama "camino de otorgamiento", y éste camino está en contra de nuestra naturaleza. Y para que podamos llegar a él, no hay otro consejo, sólo el amor a los amigos, que por medio de él cada uno puede ayudar a su amigo.
Escritos de Rabash, Tomo I, Artículo "Amor de amigos"

Estas personas que acordaron entre ellas, unirse en un solo grupo, entendieron que no hay tanta diferencia de ideas,ya que entienden la necesidad trabajar por el amor al prójimo y por eso cada uno será capaz de ceder por el bien del prójimo y así podrán unirse. Lo que no podrán hacer el resto de las personas, que no tienen el entendimiento de la necesidad de trabajar por el amor al prójimo y por eso no pueden unirse entre ellos.
Escritos de Rabash, Tomo I, Artículo "Hazte un Rav y cómprate un amigo" 2.

Sentarse y hablar con los amigos no es trabajar con ellos. Sino que es un trabajo interno del hombre durante las 24 horas, que trata de estar junto con esos mismos puntos del corazón y construir con ello una gran fuerza espiritual, que descubra en él la cualidad de otorgamiento en proporción a la fuerza de los deseos de todos juntos. En cada uno hay un punto en el corazón, tú quieres unirlos juntos. De tu deseo de que se unan, ellos se unen y se unen, y entonces se produce una explosión como una bomba atómica… Es decir, tú comprimes y comprimes todos esos deseos junto a tu deseo, sin que ellos sepan o entiendan siquiera, y ellos también tratan un poco. Y cuando llegan a una presión crítica, descubren ahí la cualidad de otorgamiento, al Creador.

Rav Laitman, de la clase de Cabalá del día 22/9/2009

Debemos repetir una y otra vez estas cosas especiales que corresponden al descubrimiento del Creador en nuestro interior. Es decir, debemos pedir una sola cosa- que la cualidad de otorgamiento sea la que domine en nosotros. Y deseamos que ésta se descubra dentro de los puntos en el corazón y en la conexión entre nosotros. Es el recipiente (Kli) que esperamos sentir en nuestro interior.

Rav Laitman, de la clase de Cabalá del día 2/11/2009

Todo alumno está obligado a elevar la virtud de cada amigo, como si fuera el más grande de la generación. Y entonces actuará en el entorno, como si fuera una gran sociedad, "Es más importante la acción que la cantidad"

Escritos de Rabash, Tomo I, Artículo: ¿Qué exigir de la Asamblea de amigos?

Cuando el hombre tiene que juzgar a los amigos favorablemente, hace un gran esfuerzo, y no todos están dispuestos a ello. Y a veces hay una situación peor, es decir que hay veces, que el hombre ve, que su amigo lo menosprecia. Y aún más que esto, que escucha que lo calumnia, es decir que escuchó de un amigo, que dijo de él, que éste amigo dijo cosas que no está bien que amigos digan uno del otro. Y él debe sobreponerse y juzgar al amigo favorablemente. Y éste es un esfuerzo muy grande…Por eso mientras el hombre se esfuerza y lo juzga favorablemente, esto es un don (Segula), que de acuerdo al esfuerzo del hombre en juzgar favorablemente se produce "el despertar desde abajo", y le dan de arriba fuerza, para que tenga la capacidad de amar a todos los amigos sin excepción. Y esto se llama "Cómprate un amigo", que el hombre debe hacer un esfuerzo para conseguir el amor del prójimo.

Escritos de Rabash, Tomo I, Artículo "¿Qué exigir de la Asamblea de amigos?"

Fuera del punto en el corazón, el resto de las carencias debemos inventarlas. ¿De dónde? Del grupo, porque todo nuestro recipiente (Kli) son puntos en el corazón, que se unen juntos por medio del Creador. Los puntos por si mismos no se pueden unir… nosotros debemos intentar armar el recipiente, la conexión entre nosotros, entre los puntos en el corazón solamente. No de nuestros deseos egoístas, el ego queda abajo, pero los puntos en el corazón, el anhelo superior, nosotros debemos intentar unirlos juntos. ¿No podemos? Entonces tendremos el portón de las lágrimas.

Rav Laitman, de la clase de Cabalá del día 19/9/2009

Hay una virtud (Segulá) especial en la unión de los amigos. Dado que las ideas y los pensamientos pasan de unos a otros por medio del apego entre ellos, por eso cada uno se va incluyendo a las fuerzas del otro. Y gracias a ello cada uno tiene la fuerza de todo el entorno. Y por esto, aunque cada hombre es un individuo, tiene toda la fuerza de la sociedad.

Escritos de Rabash, Tomo I, Artículo "La necesidad de amor a los amigos".

El beneficio de la sociedad, es que puede brindar un clima diferente, y que haya solo el trabajo con el fin de otorgar.

Escritos de Rabash, Tomo I, Artículo "Asunto de la importancia de la sociedad."

Justamente los hombres pueden ayudarse mutuamente, viendo que uno se encuentra en un estado de abatimiento. Y como está escrito: "Ningún hombre se libera a sí mismo de la prisión", sino que justamente su amigo es quien puede elevarle el estado de ánimo. Es decir, que su amigo lo levanta del estado en el que él se encuentra, hasta elevar su ánimo de vida. Y vuelve a conseguir fuerza y seguridad de vida y riqueza. Y comienza, como si su propósito estuviera ahora más cerca de él.

Escritos de Rabash, Tomo I, Artículo "Unos a otros se ayudarán"

Todo depende de cuánto nosotros nos sostenemos juntos, pensamos que mi éxito depende del éxito del amigo, porque él me influye de vuelta. Entonces de modo egoísta yo deseo que todos a mí alrededor sean grandes. Y si ellos son grandes, ellos también me darán a mí un entorno, un fortalecimiento tal que yo también sea grande ante sus ojos. Y si yo me encuentro en estado de amor al prójimo, en la medida en la que estoy en el amor hacia ellos, en el deseo de unirme a ellos, entonces compro de ellos la carencia por la espiritualidad, la importancia espiritual. Y entonces me maravillo de ellos, tal como los padres se entusiasman del niño pequeño, porque lo aman. Aunque no les sea importante, pero lo que es importante para él, es importante para ellos. Es la fuerza del amor.

Rav Laitman, de la clase de Cabalá del día 17/9/2009

𝒟ebemos saber que "lo mínimo para una mayoría son dos". Es decir, si hay dos amigos sentados juntos, y piensan, como aumentar la importancia del Creador, ya tienen fuerza para fortalecerse con la grandeza del Creador utilizando la cualidad del Despertar de Abajo, y como consecuencia viene después el Despertar de Arriba, o sea que empiezan a sentir la grandeza del Creador.

Escritos de Rabash, Tomo I, Artículo "Orden de la Asamblea de convocación".

Es necesario saber, que el amor se compra a través de hechos. Con darle a su amigo regalos, entonces cada uno de los regalos que le ofrece a su amigo, es como una flecha y una bala, que perfora el corazón de su amigo. Y aún si el corazón de su amigo es como una piedra, de todos modos cada una de las balas perfora un agujero. Y de tantos agujeros se forma un espacio vacío, y entonces entra el amor de quien otorga regalos en el lugar vacío. Y la calidez del amor atrae hacia él las chispas de amor de su amigo. Y entonces de los amores se crea una vestimenta de amor, y esa vestimenta cubre a ambos. Es decir, que un mismo amor gira y cubre a los dos, y así ambos se transformaron en un solo hombre, porque la vestimenta con la que ambos se cubren es una sola. Por eso ambos se anulan.

Escritos de Rabash, Tomo III, Artículo "La generalidad del hombre"

Nosotros nos dirigimos juntos al mismo origen y lo atraemos juntos, para que se manifieste. Y nuestra fuerza, con la que nosotros estamos dispuestos a unirnos para atraerlo, es una fuerza muy grande. Porque la unión entre nosotros está adaptada exactamente a la principal característica de Él, que es Uno, Único y Especial. Y si por sobre nuestras diferencias, nuestro rechazo, nosotros construimos también ésta característica, "Uno, Único y Especial", entonces lo atraemos y podemos realmente esperar una renovación.
Rav Laitman, de la clase de Cabalá del día 19/8/2009

Tú debes pensar en tus amigos, como una madre que se preocupa por su niño pequeño. Y no porque ellos sean pequeños, ellos son los grandes de la generación, pero tu participación en ellos debe ser así. Porque tu parte ellos no pueden llenar o corregir, y con respecto a esa parte, ellos son pequeños, esto solo tú puedes hacerla. Imagínate que hay en cada uno de ellos una parte que está podrida, que les da a ellos el sentimiento de muerte, les impide curarse, y tú, sólo tú puedes tratar esa parte.

Rav Laitman, de la clase de Cabalá del día 18/8/2009

El deseo se partió en pedazos, y se dio la elección, que si deseamos aumentar nuestro deseo, podemos hacerlo agregando los deseos de los demás. Y por medio de ello, en la medida en la que se une a los deseos de los demás, agrega deseo por sobre su nivel de bestia, y el deseo agregado que adquirió de los demás se llama el "Ser Humano" en él. Y todo el sistema está construido de tal modo que cada una de las partes de éstos deseos, de las almas privadas, deberán adquirir

otro deseo más del resto de las almas, y de éste gran anhelo que él compra de los demás, él llega al deseo llamado "Ser Humano" (Adam)… Con esto justifica la creación y justifica al Creador y con esto, el mismo se convierte en Justo. (Tzadik)
Rav Laitman, de la clase de Cabalá del día 24/9/2009

El hombre no tiene otra artimaña, sólo ver y lamentarse siempre por el sufrir ajeno, del mismo modo que se lamenta por su propia pena.
Escritos de Baal Hasulam, Introducción a TAAS, letra 125

Todo depende de cada uno de los seres humanos, hasta cuanto él está dispuesto a integrarse al resto de las almas, componentes del mismo recipiente (Kli), el Reino del Infinito (Maljut de Ein sof), la Divinidad (Shjiná). Y antes que el ser humano se integre allí, desea integrarse y no puede, y siente la pena de la Divinidad. ¿Cómo lo siente? Su deseo es ser corregido y él no puede aún llegar a eso, y entonces empieza a sentir su anhelo como pena. Y ¿Porqué su deseo se llama "Pena Divina" y no su propia pena? Porque su deseo comienza ya a querer llenarla, a la Divinidad, al recipiente general, a todo el resto de las almas, y no a sí mismo. Y por eso se dice que el hombre "se compenetra en la pena de la Divinidad". Y su deseo ahora es pena, porque no puede atraer a la Luz a través de su alma personal hacia todo el resto de las almas.

Y así pasa de la pena de "Lo que tengo", dentro de mi recipiente (Kli), a lo hay dentro de las demás almas, dentro de la Divinidad. Él pasa de la pregunta "¿de qué gozo?" a "¿a quién hago gozar?".

Rav Laitman, de la clase de Cabalá del día 24/9/2009

Deberían saber que muchas chispas de Santidad hay en cada uno de los miembros del grupo, y al reunirse todas las chispas de Santidad en un solo lugar, en las reuniones de hermanos, con amor y amistad, por cierto que tendrán un muy importante grado de Santidad durante ese tiempo de Luz de vida.

Escritos de Baal Hasulam, Carta N° 13.

Al comienzo de las conversaciones, que es el comienzo de la apertura de la reunión, deben hablar con elogio de la sociedad. Y cada uno tiene que intentar dar una razón y explicación sobre la virtud y la importancia que ella tiene. Y no hablar de nada fuera del elogio de la sociedad, hasta hacer nacer la alabanza entre los amigos. Entonces deberán decir, ahora terminamos la fase A de la reunión de amigos y empezamos la fase B. Es decir, Que cada uno diga según su opinión, cuáles son las acciones que podemos hacer, hechos por los cuales cada uno pueda comprar el amor de los amigos. O sea, qué puede hacer cada uno, que compre su corazón, que ame a cada uno del grupo. Y luego de finalizar la fase B, que son los consejos sobre lo que hay que hacer en beneficio de la sociedad, llega la fase C, que es el llevar a cabo los actos, lo que decidieron los amigos, lo que hay que hacer.

Escritos de Rabash, Tomo I, Artículo "La agenda para la reunión"

Porque cada regalo que le da a su amigo es como una bala que hace un agujero en la piedra, y aunque la primera bala apenas rasguña la piedra, la segunda bala sin embargo pega en el mismo lugar y ya hace una ranura, y la tercera hace un agujero. Y mediante tantas balas que dan en el blanco entonces el agujero se agranda y se hace un lugar vacío en el corazón de piedra de su amigo, donde se reúnen todos los regalos, y de cada uno de los regalos se forman chispas de amor, hasta que se reúnen todas las chispas de amor en el vacío del corazón de piedra y allí se forma una llama. Porque la diferencia entre la chispa y la llama es que en el lugar donde hay amor hay descubrimiento al exterior, o sea, revelación a todos los pueblos que el fuego del amor arde en él. Y el fuego del amor quema todos los pecados que se encuentran en el camino.

Escritos de Rabash, Carta Nº 40

El asunto del amor a los amigos, que está construido sobre la base del amor al prójimo, que por intermedio de él podemos llegar a amar al Creador, es un asunto opuesto a lo conocido popularmente como el amor a los amigos. Que el amor al prójimo no, significa que los amigos me amen a mí. Sino, que yo debo amar a los amigos.

Escritos de Rabash, Artículo "Que buscar en una reunión de amigos".

El hombre debe descubrir en su interior la fuerza del otorgamiento y la fuerza del amor, según la definición del "Creador" (Boré), que es "Ven y Ve" (Bo U Re)…Debemos ver en ésta definición el formato, en el que debemos estar todo el tiempo, en el grupo, en el estudio, en la difusión, en todas nuestras acciones generales y personales, tanto en grupo como solos. Que si nosotros no unimos todos nuestros deseos y pensamientos para descubrir al Creador en nosotros, es decir el descubrimiento de la característica de otorgar y de amor al prójimo en nosotros, entonces no nos encontramos para nada en contacto con la Sabiduría de la Cabalá, y estudiamos quizás sabiduría pero no Torá. Porque la Sabiduría de la Cabalá es para descubrir la fuerza del otorgamiento y el amor que tenemos dentro de nosotros y esto se llama "Descubrir al Creador".

Rav Laitman, de la clase de Cabalá del día 12/10/2009

Todo alumno está obligado a sentirse a sí mismo, como el más pequeño de todos los amigos. Y entonces podrá recibir el valor de la ascensión espiritual por parte de todos. Porque no hay superior que pueda recibir de alguien inferior a él, y menos aún que se entusiasme de sus palabras. Y sólo el pequeño se entusiasma de la valoración del mayor a él..

Escritos de Rabash, Artículo "El asunto de la importancia de los amigos".

Si hablamos del Creador, debemos analizarlo - ¿Cómo es Él para con todos? Entonces investigo cómo es Él para con las criaturas. ¿Cómo es Él? Digamos, examiné..miremos que revelaciones han acontecido . Debo unirme con los demás, con todas las almas, y dentro de todas las almas sentir cómo Él trata a todos, realmente a todos. Esto debe ser dentro de todas y de cada una de las almas, y sentir cómo es hacia ésta, ésta y ésta. Es decir, unir todas las almas a mí y sentir eso.
Rav Laitman, de la clase de Cabalá del día 28/7/2009

"Dentro de los pueblos hay uno pueblo que está disperso y separado" Dijo Amán, que su opinión es, que podemos triunfar venciendo a los judíos, porque ellos están separados entre sí. Por eso nuestra fuerza en contra de ellos seguramente triunfará. Porque esto provoca separación entre el hombre y el lugar, y de todos modos el Creador no los va ayudar, porque están separados de Él. Por eso fue Mordejay a arreglar éste defecto, como está explicado en los escritos "Se reunirán los judíos, y etc., se reunirán y defenderán sus almas". Es decir, por medio de la unión salvarán sus almas.

Artículos de Shamati. Artículo 144 "Hay un pueblo"

Debes despertar el corazón de los amigos hasta formar una llama que se eleve por sobre ellos, y de esta manera obtendrás el despertar el amor del lugar Bendito por sobre nosotros.

Escritos de Rabash, Carta N° 37

La base en la que podemos recibir goce y placer, que tenemos permitido gozar, y más aún, que es una gran obligación gozar del acto de otorgar, por eso debemos trabajar en un punto, es decir, valorar la espiritualidad. Y esto se manifiesta en darle atención "a quién me dirijo", y "a quién le hablo", y "mandamientos de quién cumplo", y "Torá de quién estudio". Es decir, aceptar consejos, cómo valorar a quién dio la Torá. Y dado que el hombre por su parte, aun antes de lograr adquirir alguna iluminación de arriba, debe buscar gente, que en algo se les parezca, quienes también busquen aumentar la importancia. Tener algún contacto con el Creador, de cualquier manera que sea, y dado que la mayoría opina de igual manera, entonces cada uno puede recibir ayuda de su amigo.

Escritos de Rabash, Tomo I, Artículo "La agenda de la reunión de amigos".

Si él ve, cómo los amigos están en un nivel más alto que él, y se da cuenta cuan baja es su situación frente a sus amigos, y ve, que todos sus amigos cumplen con los tiempos, y cuidan guardar el orden establecido de la llegada a la Sinagoga, y ellos se interesan más por lo que ocurre entre los amigos, ayudar a cada uno en lo posible, y cada forma de trabajo que escuchan de la boca de los que dictan las clases, ellos inmediatamente lo toman y transforman en hechos y demás. Por supuesto que esto influye sobre él, que le da la fuerza para superar su pereza, también cuando tiene que levantarse a la madrugada, cuando lo despiertan. Y durante el estudio su cuerpo se interesa más por las clases, porque si no, él será el retrasado en el grupo.

Escritos de Rabash, Tomo I, Artículo "Asunto de por encima de la razón"

Loos amigos tienen que hablar principalmente del asunto de elevar al Creador.
Escritos de Rabash, Artículo "Qué buscar en la reunión de amigos".

Dijeron los Sabios "La envidia incrementa la sabiduría". Es decir, mientras todos los amigos miran a la sociedad en la que se encuentran y ven que estos están en un nivel superior a ellos, tanto de parte del pensamiento como de los hechos, entonces es natural, que cada uno esté obligado a elevarse de su nivel a un nivel más elevado. Y a lo que es propio de parte de su cuerpo… ahora sucede que se le han añadido características nuevas, lo que la sociedad le hizo nacer en él.
Escritos de Rabash, Tomo I, "Asunto de por encima de la razón"

Baal Hasulam se lamenta en su carta, como es que sus alumnos no utilizan el recipiente (Kli), ese medio tan especial, el único que se encuentra, para el despertar en la dirección correcta por medio de la adhesión entre ellos. Que cada uno solo…Que en verdad no tiene nada, pero juntos, cuando comienzan a despertar el propósito espiritual, empiezan a detectarlo, porque desde un comienzo se encuentran en enemistad uno con otro. En colisión uno con otro, en rechazo. Y cuando empiezan a despertar el propósito espiritual en común, entonces contra su voluntad ellos construyen un mismo deseo. Que se encuentran en odio uno con otro y deben conectarse por encima del odio de uno por el otro, y entonces entre ellos se forma ese recipiente (Kli) espiritual que ninguno de ellos puede construir solo.

Rav Laitman, de la clase de Cabalá del día 13/8/2009

Orden de la Asamblea de amigos

1. Antes de reunirse deben acordar la importancia que tienen los amigos.

¿Para qué concurres a la Asamblea, qué te dan ellos, qué pretendes de tu vida, para qué apareciste por aquí? De todos modos, por ley, debes despertar en ti éstas cosas y no borrarlas, de lo contrario no tiene ningún sentido. Tú debes hacerlo, pero con un propósito.

Tú vas a la reunión de amigos, te preparas para la ella. Empiezas a preguntarte, ¿para qué necesitas la reunión? ¿Es porque está escrito que tal o cual día se reúnen, y esa es una manera de pasar el día? ¿O quizás deseas venir, o te avergüenza no ir?

Otra posibilidad es despertar en ti tal deseo, que aún si no se llevara a cabo la reunión y nadie quisiera reunirse. Los hubieras reunido a todos a la fuerza. De esto se dice "Antes de reunirse deben acordar la importancia que tienen los amigos".

Sin ellos no llegarás al objetivo. No sólo sin ellos, sino, sin que ellos tengan la necesidad de llegar al objetivo, no llegarás a este.

La necesidad de ellos es tu combustible. Y entonces ves que si no te reúnes con ellos por lo menos una vez a la semana, y no piensas en ellos todos los días. Para la próxima vez, te quedarás sin nada. Se te borra toda la vida y tú te vas a tu casa.

Es necesario darle la importancia necesaria. Como hemos dicho, acordar la importancia que tienen los amigos. Como escribe el Rabash, ¿Por qué elegí a éstos amigos?

2. Debe cuestionarse a sí mismo, cuanta fuerza le da a la sociedad.

Es decir, si la sociedad es tan importante, y entiendes que sin duda sin ella no tienes el recipiente para descubrir al Creador, para recibir la Divinidad, para llenar al que mora dentro de la Divinidad y de todo lo que puedas imaginarte, entonces cuán importante es para ti, cuán necesario es para ti llegar al objetivo, de la misma medida debe serte necesario el recipiente para llegar al objetivo. No puede ser que el propósito sea importante y la sociedad no lo sea. Tal enfoque deriva de la falta de entendimiento del medio y del propósito. Es cierto que el propósito es descubrir al Creador, pero el medio donde se revela el Creador, es la sociedad corregida.

Entonces, ¿quién puede preparar éste recipiente (Kli)? ¿Yo? ¿Quizás otra persona de la sociedad?

¿Quizás el Rav, o quizás es algo que nos llegue de lo Alto? Después de pensarlo y hacer todo tipo de distinciones, debes llegar a la conclusión de que éste recipiente (Kli) se encuentra en tus manos en un cien por ciento. Si no aportas a la sociedad y no la despiertas en un cien por ciento para formar éste recipiente, no sucederá nada con ellos. Tú debes estar seguro en un cien por ciento de tu capacidad de despertar a la sociedad para que llegue al máximo nivel necesario para la formación del recipiente (Kli). Todo tu ser debe estar seguro que si los amigos no se despiertan en un cien por ciento, a un nivel del cien por ciento de trabajo para la formación del recipiente, entonces tú estás en un cero por ciento de esperanza de llegar al propósito.

Es decir, si no despiertas a los amigos, no llegarás al objetivo. Si los amigos no te despiertan a ti, ellos no llegaran al propósito, porque tú no llegarás al propósito. La relación debe ser mutua. Esto te conduce al sentimiento de responsabilidad mutua, a sentir la impotencia de tus propias fuerzas. Estás en manos de la sociedad. Realmente no puedes influir en ellos y obligarlos, tú no puedes comprarles a ellos la responsabilidad mutua, que te otorguen su recipiente. Tú no puedes obligarlos a nada, sólo con amor.

El amor es lo único que obligará a los amigos. El amor los obliga aún si ahora no lo desean. Si tienen un punto que se identifica con el propósito, con el amor los obligarás a que te amen. Esa es la ley del amor. Si uno empieza a dar amor al otro, este desea también recibir amor, y él llegará a eso sin duda. Y de la misma forma que en el mundo material, si existe una relación entre una mujer menos exitosa y un hombre exitoso, mediante la influencia de ella, dándole regalos y un buen trato, ella puede obligarlo a que la ame.

Nosotros nos encontramos en grupo, tenemos una cierta relación. Es decir, aún si las diferencias fueran muy grandes, si hay un principio de relación, entonces "el amor cubre todos los delitos". Nada puede impedir ese trato en la relación del pequeño hacia el grande, no importa de quién a quién.

Por ende, debes entender que si no los amas en un cien por ciento, entonces no se despertarán y no te darán el recipiente para alcanzar el propósito. El despertar de los amigos hacia ti depende absolutamente de tu amor por ellos. No depende de ellos, sino solamente de ti. A consecuencia de esto se despierta en ti el temor: ¿Los amas, les aportas algo? ¿Estás dispuesto a todo por ellos, estás dispuesto a renunciar a ti mismo, a anularte totalmente? ¿Servirlos nada más que a ellos, según la ley del amor? Si estás dispuesto, no cabe duda que te responderán de vuelta.

Es decir no vas a ellos para recibir, sino que vas a ellos para dar. Por eso decimos que la necesidad material del amigo es mi espiritualidad. Tú ves a tu amigo como alguien a quien deseas dar, la necesidad material de él es tú espiritualidad, por esto recibirás fuerzas espirituales.

Debes estar seguro, que como resultado de tus actos recibirás responsabilidad mutua. No les pides amor a ellos, porque si les pides amor es como si pidieras algo para recibir. Tú exiges responsabilidad mutua, ¿qué es la responsabilidad mutua? La seguridad de llegar al Creador. Tú exiges de ellos que te den el trato que necesites a cambio de tu amor, que te den seguridad, y de pronto tú ya no piensas en éste mundo.

Eres como un bebé en brazos de su madre, que no sabe dónde se encuentra. Él no sabe nada, pero tiene la sensación de que está en el lugar correcto. Él no debe preocuparse por nada. Si le das amor a la sociedad, tu recibes de vuelta tal fuerza y tal seguridad, que tú ya no piensas en éste mundo. Te da la posibilidad de desconectarte de éste mundo. Tú actúas en él como siempre, pero realmente no te interesa lo que ocurre aquí. No importa como lo expreses, si todo el mundo te pertenece o no te pertenece, de todos modos te sientes independiente de tu mundo. Tú sientes que estás en contacto sólo con el Creador. La seguridad y la responsabilidad mutua las adquieres de la sociedad a cambio del amor.

3. Rezar para que el Creador le de fuerzas y deseo de ocuparse del amor a los amigos.

El final y el comienzo deben estar conectados uno al otro. Tú empiezas con el propósito de la creación y finalizas con este. Ninguna acción tuya puede ser exitosa, si no comienza con el Creador. El Creador te da deseo, fuerza y la dirección. También al comienzo del camino, cuando te parece que has comenzado y en realidad es Él el que comenzó, por eso sentiste lo que sentiste.

Y ahora cuando te diriges a la sociedad, para recibir de ella la seguridad, para dirigirte a Él, le pides fuerzas a Él, para que en cada una de tus acciones, "Yo, el Creador y la Luz" estén conectados en un sólo punto, como escribe el Baal Hasulam en una carta. De lo contrario ésta acción no va a ser exitosa. La fuerza para dirigirse, la fuerza para trabajar, el Creador, debe estar dentro tuyo funcionando a un cien por ciento. Tú te aferras al Creador como un bebé que se aferra a su madre y espera que haga cosas para él. El bebé sólo se aferra a ella y le muestra qué hacer. Todos conocemos ésta forma de comportarse de los bebés pequeños.

4. Pensar ahora como si su plegaria haya sido aceptada, y así se sentará alegre con los amigos.

Pensar ahora como si su plegaria haya sido aceptada, es decir que el Creador le da fuerzas para amar a sus amigos. A cambio del amor a los amigos, está seguro que recibirá de ellos responsabilidad mutua. Y si recibe de ellos responsabilidad mutua se aferrará al Creador. La responsabilidad mutua le otorga esa condición, esa capacidad.

Y entonces, si esa plegaria fue aceptada por completo y el Creador realiza para con él esa acción, entonces él se sienta alegremente con sus amigos. La alegría debe ser abierta, efectiva, como consecuencia de la aclaración del proceso, de lo contrario será una alegría de bufones.

5. Cada uno, de acuerdo a su capacidad, hablará sobre la importancia de la sociedad, es decir, qué ganancias le dará la sociedad, que por sí mismo no puede conseguir.

Todos hablamos ahora de la importancia de la sociedad, es decir, que tenemos en nuestras manos semejante tesoro que por medio de él podemos descubrir a la Divinidad, a Maljut, el recipiente en común en el que mora el Creador. Si lo descubrimos, nos encontraremos dentro de él a nosotros mismos junto a la Luz Superior. Ninguno de nosotros puede hacerlo por sí mismo. Todos dependemos de los demás, sólo con su amor él puede obligar a los demás. Nosotros elevamos Ma"n en común al Creador, para que haga todas esas acciones, que haga esa acción a través de nosotros y para nosotros, para que nos unamos a Él y seamos como Él.

6. Mientras abandonamos la reunión debemos sentir plenitud.

Si ejecutamos estas cosas, como si hubiéramos conseguido el propósito en un cien por ciento, debemos tener una sensación de seguridad y alegría porque nos conectamos a la condición final, la condición final existe y si aún no la conseguimos de hecho, significa que aún tenemos un camino por recorrer. Pero éste camino, las acciones que se pueden hacer, son un privilegio enorme, no menos que conseguir el propósito mismo.

El Creador goza de aquellos que se encuentran

en el camino y se esfuerzan, de este modo le causamos un gran goce, más que consiguiendo remuneración. Con ésa alegría debemos abandonar la reunión de amigos. Esto debe inspirarnos por una semana.

La persona debe cuidarse a sí misma siempre de mantenerse en esa Luz y ese recipiente al mismo tiempo. Esas aclaraciones hechas en el marco de estos seis puntos, deben encontrarse en cada uno de nosotros. Deben estar presentes en los mismos sentimientos, en las mismas dilucidaciones, en la sensación de vida. Éste es el orden de la reunión de amigos.

Consejos que escuché

Kabbalah.info